Impressum
Verlag: BABADADA GmbH, Nedderfeld 112 , 22529 Hamburg
Geschäftsführer / Verlagsleitung: Harald Hof
Druck: Books on Demand GmbH, In de Tarpen 42, 22848 Norderstedt

Imprint
Publisher: BABADADA GmbH, Nedderfeld 112 , 22529 Hamburg, Germany
Managing Director / Publishing direction: Harald Hof
Print: Books on Demand GmbH, In de Tarpen 42, 22848 Norderstedt, Germany

除
bahagi

186/2

黑板
papan

教室
bilik darjah

校园
laman/taman sekolah

老师
guru

纸
kertas

钢笔
pen

书写
tulis

办公桌
meja

直尺
pembaris

书
buku

学生
murid

书包
beg galas

铅笔盒
kotak pensel

铅笔
pensel

卷笔刀
pengasah pensel

橡皮擦
pemadam

画板
kertas lukisan

图画
melukis

画笔
berus lukis

颜料盒
kotak warna

剪刀
gunting

胶水
gam

练习册
buku latihan

家庭作业
kerja rumah

12

数字
nombor

2+2

加
tambah

5-2

减
tolak

2×2

乘
darab

计算
kira

A

字母
huruf

ABCDEFG
HIJKLMN
OPQRSTU
VWXYZ

字母表
abjad

hello

字
kata

课文

teks

读

baca

粉笔

kapur

上课

pelajaran

登记

daftar

考试

peperiksaan

证书

sijil

校服

uniform sekolah

教育

pendidikan

百科全书

ensiklopedia

大学

universiti

显微镜

mikroskop

地图

peta

废纸筐

bakul sampah

酒店
hotel

青年旅社
▶ asrama

外币兑换处
pejabat tukaran mata wang

手提箱
▶ beg pakaian

汽车
kereta

语言

bahasa

是/否

ya / tidak

好的

okey

您好

helo

翻译员

penterjemah

谢谢

Terima kasih

……多少钱？

berapa banyak…?

我不明白

saya tidak faham

问题

masalah

晚上好！

Selamat petang!

早上好！

Selamat Pagi!

晚安！

Selamat Malam!

再见

selamat tinggal

方向

arah

行李

bagasi

包

beg

双肩包

beg galas

客人

tetamu

房间

bilik tidur

睡袋

beg tidur

帐篷

khemah

旅游信息

maklumat pelancong

海滩

pantai

信用卡

kad kredit

早餐

sarapan

午餐

makan tengah hari

晚餐

makan malam

票

tiket

电梯

lif

邮票

setem

边界

sempadan

海关

kastam

大使馆

kedutaan

签证

visa

护照

pasport

飞机
kapal terbang

船
kapal

消防车
kereta bomba

公交车
bas

卡车
trak

汽艇
motobot

汽车
kereta

自行车
basikal

摆渡船

feri

小船

bot

摩托车

motosikal

警车

kereta polis

赛车

kereta lumba

租车

kereta sewa

拼车

berkongsi kereta

拖车

trak tunda

垃圾车

trak menolak

发动机

motor

汽油

bahan api

加油站

stesen minyak

交通标志

tanda trafik

交通

trafik

交通堵塞

kesesakan lalu lintas

停车场

tempat parkir

火车站

stesen kereta api

轨道

trek

火车

kereta api

电车

trem

货车

gerabak

交通运输 - pengangkutan

直升机
helikopter

机场
lapangan terbang

塔
Menara

乘客
penumpang

集装箱
bekas

纸板箱
kadbod

手推车
kart

篮子
bakul

起飞/降落
berlepas / mendarat

城市
bandar

村庄
kampung

市中心
pusat bandar

房子
rumah

电影院
pawagam

广告
iklan

路灯
lampu jalan

CINEMA

街道
jalan

出租车
teksi

行人
pejalan kaki

小吃店
kedai makanan ringan

人行道
turapan

十字路口
lintasan

斑马线
lintasan zebra

垃圾箱
tong sampah

红绿灯
lampu isyarat

小屋
pondok

公寓
flat

火车站
stesen kereta api

市政厅
dewan bandar

博物馆
muzium

学校
sekolah

大学

universiti

银行

bank

医院

hospital

酒店

hotel

药房

farmasi

办公室

pejabat

书店

kedai buku

商店

kedai

花店

kedai bunga

超市

pasar raya

市场

pasaran

百货商店

gedung

鱼店

penjual ikan

购物中心

pusat membeli-belah

海港

pelabuhan

公园

taman

长凳

bangku

桥

jambatan

楼梯

tangga

地铁

bawah tanah

隧道

terowong

公交车站

hentian bas

酒吧

bar

餐馆

restoran

邮筒

peti surat

路标

papan tanda jalan

停车计时器

meter parkir

动物园

zoo

游泳馆

kolam renang

清真寺

masjid

农场
ladang

污染
pencemaran

墓地
tanah perkuburan

教堂
gereja

操场
taman permainan

寺庙
kuil

地形
landskap

树叶
daun

指示牌
tiang tanda

路
jalan

草地
padang rumput

石头
batu

树
pokok

徒步旅行者
pejalan kaki

河
sungai

草
rumput

花
bunga

峡谷

lembah

山

bukit

湖

tasik

森林

hutan

沙漠

padang pasir

火山

gunung berapi

城堡

istana

彩虹

pelangi

蘑菇

cendawan

棕榈树

pokok kelapa sawit

蚊子

nyamuk

苍蝇

terbang

蚂蚁

semut

蜜蜂

lebah

蜘蛛

labah-labah

甲虫

kumbang

青蛙

katak

松鼠

tupai

刺猬

landak

野兔

arnab

猫头鹰

burung hantu

鸟

burung

天鹅

angsa

野猪

babi jantan

鹿

rusa

麋鹿

moose

水坝

empangan

风力发电机

turbin angin

太阳能电池板

panel solar

气候

iklim

服务员
pelayan

菜单
menu

椅子
kerusi

披萨饼
piza

汤
sup

餐具
kutleri

桌布
alas meja

前菜

pemula

主菜

hidangan utama

甜点

pencuci mulut

饮料

minuman

食物

makanan

瓶子

botol

快餐

makanan segera

街边小吃

makanan jalanan

茶壶

teko

糖盒

mangkuk gula

一份饭菜

bahagian

意式咖啡机

mesin espreso

高脚椅

kerusi tinggi

账单

bil

托盘

dulang

刀

pisau

餐叉

garfu

勺子

sudu

茶匙

sudu teh

餐巾

serviette

玻璃杯

gelas

碟子

pinggan

汤盘

mangkuk sup

碟子

piring

酱

sos

盐瓶

tempat garam

胡椒磨

pengisar lada

醋

cuka

食用油

minyak

调味料

rempah

番茄酱

sos

芥末

mustard

蛋黄酱

mayones

特价
tawaran istimewa

顾客
pelanggan

乳制品
tenusu

购物车
troli

水果
buah-buahan

肉铺
tukang daging

面包房
kedai roti

称重
berat

蔬菜
sayur-sayuran

肉
daging

冷冻食品
makanan sejuk beku

冷盘
daging sejuk

罐头食品
makanan dalam tin

洗衣粉
serbuk pencuci

甜食
gula-gula

日用品
produk isi rumah

清洁用品
produk pembersihan

销售员
orang jualan

收银机
daftar tunai

收银员
juruwang

购物清单
senarai membeli-belah

开放时间
waktu pembukaan

钱包
beg duit

信用卡
kad kredit

袋子
beg

塑料袋
beg plastik

水

air

果汁

jus

牛奶

susu

可乐

kola

红酒

wain

啤酒

bir

酒

alkohol

可可

koko

茶

the

咖啡

kopi

意式浓缩咖啡

espreso

卡布奇诺

kapucino

香蕉

pisang

苹果

epal

橙子

oren

西瓜

tembikai

柠檬

lemon

胡萝卜

lobak merah

大蒜

bawang putih

竹子

buluh

洋葱

bawang

蘑菇

cendawan

坚果

kacang

面条

mi

意大利面条

spageti

米饭

nasi

沙拉

salad

薯条

kerepek

炸土豆

kentang goreng

披萨饼

piza

汉堡包

hamburger

三明治

sandwic

炸猪排

kutlet

火腿

ham

萨拉米

salami

香肠

sosej

鸡肉

ayam

烤肉

panggang

鱼

ikan

燕麦片

bubur oat

穆兹利

muesli

玉米片

emping jagung

面粉

tepung

羊角面包

kroisan

面包卷

roti roll

面包

roti

烤面包

roti bakar

饼干

biskut

黄油

mentega

凝乳

dadih

蛋糕

kek

蛋

telur

煎蛋

telur goreng

奶酪

keju

冰激凌

ais krim

糖

gula

蜂蜜

madu

果酱

jem

巧克力酱

krim nougat

咖喱饭

kari

农舍
rumah ladang

粮仓
bangsal

稻草捆
bandela jerami

田野
bidang

马
kuda

拖车
treler

马驹
anak kuda

拖拉机
traktor

驴
keldai

羊
biri-biri

羔羊
kambing

山羊

kambing

奶牛

lembu

牛犊

anak lembu

猪

babi

小猪

anak babi

公牛

lembu

鹅

angsa

鸭

itik

小鸡

anak ayam

母鸡

ayam betina

公鸡

ayam jantan muda

鼠

tikus

猫

kucing

老鼠

tikus

牛

lembu jantan

狗

anjing

狗屋

rumah anjing

花园浇水软管

hos taman

洒水壶

bekas siraman

长柄大镰刀

sabit

犁

bajak

镰刀
sabit

锄头
cangkul

长柄草耙
serampang peladang

斧头
kapak

独轮手推车
kereta sorong

饲料槽
palung

牛奶罐
tin susu

麻布袋
karung

栅栏
pagar

马厩
stabil

温室
rumah hijau

土壤
tanah

种子
benih

肥料
baja

联合收割机
jentuai

收割
tuai

收割
menuai

山药
keladi

小麦
gandum

大豆
soya

土豆
kentang

玉米
jagung

油菜籽
biji sawi

果树
pokok buah-buahan

树薯
ubi kayu

谷物
bijirin

房子
rumah

烟囱
cerobong

屋顶
atap

落水管
penurun

窗户
tetingkap

车库
garaj

门铃
loceng pintu

门
pintu

垃圾桶
tong sampah

信箱
peti surat

花园
taman

客厅
ruang tamu

浴室
bilik air

厨房
dapur

卧室
bilik tidur

儿童房
bilik kanak-kanak

餐厅
ruang makan

地板

lantai

墙壁

dinding

吊顶

siling

地窖

bilik bawah tanah

桑拿

sauna

阳台

balkoni

露台

teres

游泳池

kolam renang

割草机

pemotong rumput

被单

lembaran

床罩

penutup tilam

床

katil

扫帚

penyapu

水桶

timba

开关

suis

壁纸
kertas dinding

照片
gambar

台灯
lampu

搁架
rak

橱柜
kabinet

壁炉
pendiangan

电视机
televisyen

花
bunga

垫子
kusyen

花瓶
pasu

沙发
sofa

遥控器
alat kawalan jauh

地毯

permaidani

窗帘

tirai

餐桌

meja

椅子

kerusi

摇椅

kerusi malas

扶手椅

kerusi

书
buku

毯子
selimut

装饰品
hiasan

木柴
kayu api

电影
filem

高保真音响
hi-fi

钥匙
kunci

报纸
akhbar

油画
lukisan

海报
poster

收音机
radio

笔记本
buku catatan

吸尘器
penyedut habuk

仙人掌
kaktus

蜡烛
lilin

冰箱
peti sejuk

微波炉
ketuhar gelombang mikro

厨房秤
penimbang dapur

洗洁精
bahan pencuci

烤面包机
pembakar roti

冰柜
penyejuk beku

烤箱
oven

垃圾桶
tong sampah

洗碗机
pembasuh pinggan mangkuk

炊具

periuk dapur

锅

periuk

铸铁锅

periuk besi

炒锅

kuali

平底锅

pan

水壶

cerek

蒸锅

pengukus

烤盘

dulang pembakar

陶瓷锅

pinggan mangkuk

马克杯

koleh

碗

mangkuk

筷子

penyepit

长柄勺

senduk

铲子

spatula

搅拌器

pengadun

滤网

penapis

筛子

ayak

磨碎机

pemarut

研钵

mortar

烧烤

barbeku

明火

pembakaran terbuka

菜板

papan pencincang

擀面杖

pin golekan

开瓶器

skru gabus

罐子

tin

开罐器

pembuka tin

隔热手套

pemegang periuk

水槽

sinki

刷子

berus

海绵

span

搅拌机

pengisar

冷藏箱

penyejuk beku

奶瓶

botol bayi

水龙头

paip

浴室
bilik air

供暖设备
pemanasan

淋浴
mandi

毛巾
tuala

浴帘
tirai mandi

泡沫浴
mandi buih

浴缸
tab mandi

玻璃杯
gelas

洗衣机
mesin basuh

瓷砖
jubin

水龙头
paip

便壶
tandas

水槽
sinki

厕所

tandas

蹲便器

tandas mencangkung

坐浴器

mangkuk tandas

小便池

tandas awam

厕纸

kertas tandas

马桶刷

berus tandas

牙刷
berus gigi

牙膏
ubat gigi

牙线
flos gigi

洗
cuci

手持式喷淋头
mandian tangan

冲洗器
pancuran

洗脸盆
besen

擦背刷
belakang berus

肥皂
sabun

沐浴露
gel mandian

洗发水
syampu

法兰绒
flanel

排水
longkang

乳霜
krim

除臭剂
deodoran

浴室 - bilik air

镜子
cermin

手镜
cermin tangan

剃须刀
pisau cukur

剃须泡沫
busa cukur

须后水
selepas cukur

梳子
sikat

刷子
berus

吹风机
pengering rambut

喷发定型剂
semburan rambut

化妆品
mekap

唇膏
gincu

指甲油
varnis kuku

化妆棉
bulu kapas

指甲剪
gunting kuku

香水
pewangi

洗漱包
beg basuhan

凳子
bangku

计重秤
skala berat

浴袍
jubah mandi

橡胶手套
sarung tangan getah

卫生棉条
kapas

卫生巾
tuala wanita

化学厕所
tandas kimia

儿童房
bilik kanak-kanak

闹钟
jam loceng

毛绒玩具
mainan kegemaran

玩具车
kereta mainan

玩具屋
rumah anak patung

礼物
hadiah

拨浪鼓
kerincing bayi

气球

belon

床

katil

（洋娃娃用）婴儿车

kereta sorong bayi

扑克牌

set kad

拼图

susun suai gambar

漫画

komik

乐高积木

batu bata lego

积木玩具

blok mainan

玩具人

figura aksi

婴儿服

baju bayi

飞盘

frisbee

床铃玩具

mainan bayi mudah alih

棋盘游戏

permainan papan

骰子

dadu

火车模型

set model kereta api

安抚奶嘴

palsu

聚会

parti

绘本

buku bergambar

球

bola

洋娃娃

anak patung

玩

main

沙坑

lubang pasir

秋千

buai

玩具

mainan

游戏机

konsol permainan video

三轮车

basikal roda tiga

泰迪熊

anak patung beruang

衣柜

almari pakaian

衣服

pakaian

袜子

stoking

长袜

stoking

紧身裤

ketat

围巾
skarf

雨伞
payung

T恤
kemeja-t

eselamatan

靴子
but

拖鞋
selipar

运动鞋
kasut sukan

凉鞋
sandal

鞋
kasut

雨靴
but getah

内裤
seluar dalam

胸罩
coli

背心
ves

身体
badan

裤子
Seluar panjang

牛仔裤
jean

短裙
skirt

女式衬衫
blaus

衬衫
kemeja

套头衫
baju panas sarung

卫衣
sweater

西装夹克
blazer

夹克
jaket

外套
kot

雨衣
baju hujan

套装
kostum

连衣裙
pakaian

婚纱
baju pengantin

西装

sut

睡袍

baju tidur

睡衣

baju tidur

莎丽

sari

头巾

skarf kepala

包头巾

serban

波卡

burqa

卡夫坦

kaftan

(阿拉伯式)长袍长袍

abaya/jubah

泳衣

baju renang

男式泳裤

seluar renang

短裤

seluar pendek

运动服

sut balapan

围裙

apron

手套

sarung tangan

纽扣
butang

眼镜
cermin mata

手链
gelang tangan

项链
rantai leher

戒指
cincin

耳环
subang

便帽
topi

衣架
penyangkut kot

帽子
topi

领带
tali leher

拉链
zip

头盔
topi keledar

背带
pendakap

校服
uniform sekolah

制服
seragam

围兜

lapik dada

安抚奶嘴

palsu

尿不湿

lampin

办公室
pejabat

服务器
pelayan

文件柜
kabinet fail

打印机
mesin pencetak

纸
kertas

显示屏
monitor

办公桌
meja

鼠标
tetikus

文件夹
folder

键盘
papan kekunci

废纸筐
bakul sampah

椅子
kerusi

电脑
komputer

咖啡杯

cawan kopi

计算器

kalkulator

因特网

internet

笔记本电脑
komputer riba

信件
surat

消息
mesej

手机
mudah alih

网络
rangkaian

复印机
mesin fotokopi

软件
perisian

电话
telefon

插座
soket plag

传真机
mesin faks

表格
bentuk

文件
dokumen

买

beli

付钱

bayar

交易

berdagang

现金

wang

美元

dolar

欧元

euro

日元

yen

卢布

rubel

瑞士法郎

franc swiss

人民币

renminbi yuan

卢比

rupee

提款处

mata tunai

外币兑换处

pejabat tukaran mata wang

金

emas

银

perak

石油

minyak

能源

tenaga

价格

harga

合同

kontrak

税金

cukai

股票

stok

工作

kerja

职员

pekerja

老板

majikan

工厂

kilang

商店

kedai

警官
pegawai polis

消防员
ahli bomba

厨师
tukang masak

医生
doktor

飞行员
juruterbang

园丁

tukang kebun

木匠

tukang kayu

裁缝

tukang jahit

法官

hakim

化学家

ahli kimia

演员

pelakon

公交车司机

pemandu bas

出租车司机

pemandu teksi

渔夫

nelayan

清洁女工

wanita pencuci

屋顶工

kasau

服务员

pelayan

猎人

pemburu

画家

pelukis

面包师

bakeri

电工

juruelektrik

建筑工人

pembangun

工程师

jurutera

屠夫

penjual daging

水管工

tukang paip

邮递员

posmen

士兵

askar

建筑师

arkitek

收银员

juruwang

花农

kedai bunga

理发师

pendandan rambut

售票员

konduktor

机械师

mekanik

船长

kapten

牙医

doktor gigi

科学家

ahli sains

拉比

tuhanku

伊玛目

imam

和尚

sami

牧师

paderi

铁锤
tukul

钳子
playar

螺丝刀
pemutar skru

扳手
sepana

手电筒
obor

挖掘机

pengorek

工具箱

kotak peralatan

梯子

tangga

锯子

gergaji

钉子

kuku

钻机

geruji

修
baiki

铲子
penyodok

靠！
Celaka!

簸箕
penadah sampah

油漆桶
periuk cat

螺丝
skru

乐器
alat muzik

打击乐器
perangkat dram

扬声器
pembesar suara

吉他
gitar

低音提琴
bass berganda

小号
trompet

钢琴

piano

小提琴

biola

贝斯

bass

定音鼓

timpani

鼓

dram

电子琴

papan kekunci

萨克斯管

saksofon

长笛

seruling

麦克风

mikrofon

老虎
harimau

笼子
sangkar

入口
pintu masuk

斑马
zebra

动物饲料
makanan haiwan

熊猫
panda

动物
haiwan

大象
gajah

袋鼠
kanggaru

犀牛
badak sumbu

大猩猩
gorila

熊
beruang

骆驼

unta

鸵鸟

burung unta

狮子

singa

猴子

monyet

火烈鸟

flamingo

鹦鹉

nuri

北极熊

beruang kutub

企鹅

penguin

鲨鱼

yu

孔雀

merak

蛇

ular

鳄鱼

buaya

动物园管理员

penjaga zoo

海豹

anjing laut

美洲豹

jaguar

矮种马

kuda

豹

harimau

河马

badak air

长颈鹿

zirafah

老鹰

helang

野猪

babi jantan

鱼

ikan

龟

penyu

海象

anjing laut

狐狸

musang

羚羊

rusa

橄榄球
bola sepak Amerika

骑自行车
berbasikal

网球
tenis

篮球
bola keranjang

游泳
renang

拳击
tinju

冰球
hoki ais

英式足球
bola sepak

羽毛球
badminton

田径
olahraga

手球
bola baling

滑雪
ski

马球
polo

跳
lompat

拥抱
peluk

笑
ketawa

走路
berjalan

唱
menyanyi

做梦
mimpi

祈祷
berdoa

亲吻
cium

书写
tulis

画
lukis

展示
tunjuk

推
tolak

给
beri

拿
ambil

有
ada

做
buat

当
ialah

站
berdiri

跑
lari

拉
tarik

扔
buang

摔倒
jatuh

躺
tipu

等待
tunggu

携带
bawa

坐
duduk

穿衣
pakai

睡觉
tidur

醒来
bangkit

看
lihat pada

哭
menangis

抚摸
strok

梳头
sikat

交谈
cakap

明白
faham

问
tanya

听
dengar

喝
minum

吃
makan

清理
mengemas

爱
sayang

做饭
masak

开车
pandu

飞
terbang

航行

belayar

计算

kira

读

baca

学习

belajar

工作

kerja

结婚

nikah

缝

jahit

刷牙

memberus gigi

杀

bunuh

抽烟

asap

寄

hantar

祖母
nenek

祖父
datuk

父亲
bapa

母亲
ibu

婴童
bayi

女儿
anak perempuan

儿子
anak lelaki

客人

tetamu

阿姨

mak cik

叔叔

pak cik

兄弟

abang

姐妹

kakak

前额
dahi

眼睛
mata

肩膀
bahu

手指
jari

脸
muka

下巴
dagu

手
tangan

乳房
dada

腿
kaki

手臂
lengan

婴童

bayi

男人

lelaki

女人

wanita

女孩

perempuan

男孩

lelaki

头

kepala

背部
belakang

肚子
bawah perut

肚脐
pusat

脚趾
jari kaki

脚后跟
tumit

骨头
tulang

臀部
pinggul

膝盖
lutut

手肘
siku

鼻子
hidung

屁股
bawah

皮肤
kulit

脸颊
pipi

耳朵
telinga

嘴唇
bibir

身体 - badan

嘴

mulut

牙齿

gigi

舌头

lidah

脑

otak

心脏

hati

肌肉

otot

肺

paru-paru

肝脏

hati

胃

perut

肾脏

buah pinggang

性交

seks

避孕套

kondom

卵子

faraj

精子

mani

怀孕

mengandung

月经
haid

阴道
faraj

阴茎
penis

眉毛
kening

头发
rambut

脖子
leher

身体 - badan

医院
hospital

医院
hospital

救护车
ambulans

轮椅
kerusi roda

骨折
patah tulang

医生

doktor

急诊室

bilik kecemasan

护士

jururawat

紧急情况

kecemasan

昏迷

tak sedar

痛

sakit

受伤

kecederaan

出血

pendarahan

心脏病发作

serangan jantung

中风

strok

过敏

alergi

咳嗽

batuk

发烧

demam

流感

selesema

腹泻

cirit-birit

头痛

sakit kepala

癌症

kanser

糖尿病

diabetes

外科医生

pakar bedah

手术刀

pisau bedah

手术

pembedahan

CT

CT

X光

x-ray

超声波

ultrabunyi

口罩

topeng muka

疾病

penyakit

候诊室

bilik menunggu

拐杖

penongkat

石膏

plaster

绷带

pembalut

注射

suntikan

听诊器

stetoskop

担架

pengusung

体温计

termometer klinik

出生

kelahiran

超重

berat badan berlebihan

助听器

alat pendengaran

消毒液

disinfektan

感染

jangkitan

病毒

virus

艾滋病

HIV / AIDS

药物

perubatan

接种疫苗

vaksinasi

药片

tablet

药丸

pil

急救电话

panggilan kecemasan

血压计

pantau tekanan darah

生病/健康

sakit / sihat

救命！

Tolong!

警报

penggera

突击

serang

攻击

serangan

危险

bahaya

紧急出口

pintu kecemasan

着火啦！

Api!

灭火器

alat pemadam api

意外

kemalangan

急救箱

alat pertolongan cemas

呼救信号

SOS

警察

polis

欧洲

Eropah

北美洲

Amerika Utara

南美洲

Amerika Selatan

非洲

Afrika

亚洲

Asia

澳洲

Australia

大西洋

Atlantic

太平洋

Pasifik

印度洋

Lautan Hindi

南冰洋

Lautan Antartik

北冰洋

Lautan Artik

北极

Kutub utara

南极

Kutub Selatan

南极洲

Antartika

地球

bumi

陆地

tanah

海

laut

岛

pulau

国家

negara

国家

negeri

钟面

muka jam

时针

tangan jam

分针

tangan minit

秒针

terpakai

现在几点？

Jam berapa sekarang

天

hari

时间

masa

现在

sekarang

电子表

jam digital

分

minit

时

jam

周

minggu

周一 Isnin
MO

周三 Rabu
W

周五 Jumaat
FR

TU

TH

周六 Sabtu
SA

周二 Selasa

周四 Khamis

SO

周日 Ahad

昨天
....
semalam

今天
....
hari ini

明天
....
esok

早晨
....
pagi

中午
....
tengah hari

晚上
....
petang

工作日
....
hari kerja

周末
....
hari minggu

雨
hujan

彩虹
pelangi

风
angin

雪
salji

春
musim bunga

夏
musim panas

秋
musim luruh

冬
musim salji

天气预报

ramalan cuaca

温度计

termometer

阳光

sinar matahari

云

awan

雾

kabus

潮湿

lembapan

闪电
kilat

打雷
petir

风暴
ribut

冰雹
hujan batu

季风
monsun

洪水
banjir

冰
ais

一月
Januari

二月
Februari

三月
Mac

四月
April

五月
Mei

六月
Jun

七月
Julai

八月
Ogos

年 - tahun

九月
September

十月
Oktober

十一月
November

十二月
Disember

形状

bentuk

圆形
bulatan

正方形
petak

长方形
segi empat tepat

三角形
segitiga

球体
sfera

立方体
kiub

白

putih

黄

kuning

橙

oren

粉

merah jambu

红

merah

紫

ungu

蓝

biru

绿

hijau

棕

coklat

灰

kelabu

黑

hitam

很多/少许

banyak / sedikit

生气/平静

marah / tenang

美/丑

cantik / hodoh

首/尾

bermula / tamat

大/小

besar kecil

明/暗

terang / gelap

兄弟/姐妹

abang / kakak

干净/肮脏

bersih / kotor

完整/缺失

lengkap / tidak lengkap

白天/晚上

hari / malam

死/生

mati / hidup

宽/窄

luas / sempit

可食用/非食用

boleh dimakan / tidak boleh dimakan

邪恶/善良

jahat / baik

兴奋/无聊

teruja / bosan

胖/瘦

gemuk / kurus

第一/最后

pertama / terakhir

朋友/敌人

kawan / musuh

满/空

penuh / kosong

硬/软

keras / lembut

重/轻

berat / ringan

饿/渴

lapar / dahaga

生病/健康

sakit / sihat

非法/合法

menyalahi undang-undang / undang-undang

聪明/愚笨

pintar / bodoh

左/右

kiri / kanan

近/远

dekat / jauh

新/旧

baru / lama

没有/有些

tiada / sesuatu

老/幼

tua / muda

开/关

hidup / mati

打开/合上

terbuka / tertutup

安静/吵闹

diam / bising

富/穷

kaya / miskin

对/错

betul / salah

粗糙/光滑

kasar / halus

伤心/高兴

sedih / gembira

短/长

pendek / panjang

慢/快

lambat / laju

湿/干

basah / kering

温暖/凉爽

panas / sejuk

战争/和平

berperang / berdamai

反义词 - berlawanan

0

零

sifar

1

一

satu

2

二

dua

3

三

tiga

4

四

empat

5

五

lima

6

六

enam

7

七

tujuh

8

八

lapan

9

九

sembilan

10

十

sepuluh

11

十一

sebelas

12

十二
dua belas

13

十三
tiga belas

14

十四
empat belas

15

十五
lima belas

16

十六
enam belas

17

十七
tujuh belas

18

十八
lapan belas

19

十九
Sembilan belas

20

二十
dua puluh

100

百
ratus

1.000

千
ribu

1.000.000

百万
juta

英语

Bahasa Inggeris

美式英语

Bahasa Inggeris Amerika

普通话

Bahasa Cina Mandarin

印地语

Bahasa Hindi

西班牙语

Bahasa Sepanyol

法语

Bahasa Perancis

阿拉伯语

Bahasa Arab

俄语

Bahasa Rusia

葡萄牙语

Bahasa Portugis

孟加拉语

Bahasa Benggali

德语

Bahasa Jerman

日语

Bahasa Jepun

我
saya

你
anda

他/她/它
dia / dia / ia

我们
kita

你们
anda

他们
mereka

谁？
siapa?

什么？
apa?

怎样？
bagaimana?

哪里？
di mana?

什么时候？
bila?

名字
nama

后面

belakang

里面

dalam

前面

di hadapan

上方

lebih

上面

pada

下面

di bawah

旁边

bersebelahan

中间

antara

地点

tempat